AF381025

GAGNER EN LEADERSHIP

Techniques et astuces pour inspirer et rassembler

Par Bertrand de Witte

50MINUTES.fr

GAGNER EN LEADERSHIP

- **Problématique ?** Comment devenir un leader exemplaire ?
- **Utilité ?** Gagner en leadership permet de se réaliser pleinement en tant que meneur d'hommes et ainsi de renforcer la motivation de ses collaborateurs et de réaliser de grands objectifs.
- **Contexte professionnel ?** Gestion d'équipe, gestion d'entreprise
- **FAQ ?**
  - Quelles sont les 12 qualités essentielles du leader ?
  - Un manager peut-il devenir un leader ?
  - Un leader peut-il devenir un manager ?
  - Comment construire la confiance dans mon équipe ?
  - Comment rétablir mon rôle de leader si des jeux de pouvoir se sont installés au sein de mon équipe ?
  - Exercer son leadership, est-ce manipuler ?

° <u>Que doit faire un leader dans une organisation où le leadership n'est pas valorisé ?</u>

Le leadership se manifeste dans quatre principaux domaines : les entreprises privées ; les associations ; la politique ; l'armée. Nous allons ici
nous concentrer sur le leadership en entreprise.

Le leadership dans le monde professionnel est
une qualité dont l'appréciation dépend fortement de la culture de l'entreprise. De plus en plus
valorisé, le leadership s'inscrit désormais dans
les descriptions de fonction, dans les évaluations
annuelles et dans les programmes de formation.
Les entreprises sont nombreuses à développer le
leadership au sein de leur équipe managériale.
Les collaborateurs ambitieux cherchent eux-
mêmes à exercer leur influence. Le leadership est
un véritable atout pour le chef d'équipe ou pour
celui qui veut le devenir.

> « Je ne suis pas là pour voir ce que mes équipes
> rapportent, ou si elles travaillent correctement.
> Je suis là pour m'assurer que les collaborateurs
> ont compris leur mission, aient les moyens
> nécessaires pour réussir, que la collaboration se
> passe bien, et pour qu'ils puissent développer

Pour éviter de commettre des erreurs pouvant être préjudiciables dans votre carrière, ce livre vous propose de nombreux conseils, illustrés par des témoignages d'experts et de décideurs d'entreprises très variées. Armé de ces outils, vous pourrez améliorer vos pratiques professionnelles. Vos compétences de leader ainsi renforcées vous amèneront à conduire une carrière évolutive et saine. Elles feront de vous un leader confiant et apprécié de votre (future) équipe.

Dans ce numéro, nous nous penchons sur les notions essentielles pour comprendre le leadership tel qu'il est vu aujourd'hui en entreprise. Vous comprendrez en quoi le leadership est un avantage concurrentiel, et quelle est la différence entre management et leadership. Nous nous attacherons ensuite à identifier ce qui fait un leader et quelles compétences sont en jeu. Nous verrons enfin qu'il existe différents types de leaders et différents styles de leadership et de management d'équipe.

La suite du livre est consacrée à la mise en pratique de ces éléments, à travers conseils, séance de questions-réponses et, pour finir, l'application d'une méthode pour booster votre carrière en évoluant de manager opérationnel à manager leader.

B.A.-BA DU LEADER INSPIRANT

LE LEADERSHIP EN ENTREPRISE

Leadership et management

Souvent confondus, une petite clarification entre les rôles de leader et de manager s'impose. La distinction entre management et leadership a été établie, entre autres, par Abraham Zaleznik (1976) et par John P. Kotter (1999). Que disent ces deux auteurs ?

- Le management, c'est l'usage de l'autorité pour gérer des ressources et des contraintes afin de produire des biens ou des services. Le manager va donc utiliser son autorité formelle, autorité qui lui est donnée par sa hiérarchie et confirmée par sa description de fonction : il a reçu la confiance de ses supérieurs pour exercer certaines tâches. Le manager gère la complexité, organise et contrôle. Il traduit les problèmes en solutions. Il planifie et gère son équipe dans une logique de court et moyen terme. Il est dans l'opérationnel, dans le fonctionnement. Dans sa réflexion, le manager emploie généralement des questions commençant par « Comment ? ».

- Le leadership, en revanche, est la capacité à exercer une influence pour atteindre des objectifs. Un leader est capable d'enthousiasmer ses collaborateurs pour les faire adhérer à une idée, un projet, et de les mobiliser pour atteindre les objectifs fixés. Il a une vision à long terme qu'il partage et autour de laquelle il construit une équipe. Le leader cherche des réponses aux questions commençant souvent par « Pourquoi ? ».

Manager ou leader ?

MANAGER	LEADER
Formel • Est désigné par la hiérarchie et imposé à l'équipe • A une autorité formelle • Est « au dessus de » • A reçu un statut officiel **Gestionnaire** • Structure • Organise • Conduit • Rend opérationnel • Reste rationnel • Contrôle • Planifie un processus • Donne des idées	**Informel** • Est reconnu comme tel par l'équipe • A une autorité d'influence, du charisme • Est « aux côtés de » • Prend une fonction, joue un rôle **Visionnaire** • Oriente • A une stratégie • Guide et coache • Crée de la rupture et impulse • Encourage l'innovation • Délègue • Cherche des résultats surprenants • Crée une culture favorisant l'émergence des idées de chacun

MANAGER	LEADER
Bonne volonté • Se focalise sur les tâches • Développe des actions • Utilise l'équipe • Inspire la peur • Encadre et tolère	**Influence** • Se focalise sur les personnes • Développe des talents • Donne du crédit à l'équipe • Génère l'enthousiasme • Soutient et partage
Commande • Dit « je » • Dit « allez-y »	**Demande** • Dit « nous » • Dit « allons-y »

Faire preuve de leadership correspond par conséquent à une démarche plus émotionnelle que dans le cas du management. Le leader motive ses collaborateurs en créant un sentiment d'appartenance et en témoignant sa reconnaissance. Il gère également le changement avec habilité en faisant face aux incertitudes. Ses faits et gestes deviennent des exemples à suivre et inspirent ses collaborateurs à croire en lui et en eux-mêmes. Il traduit les choses en apportant de la signification et de la cohérence. Il donne envie de le suivre parce qu'il suscite la confiance.

Malgré tout, la frontière entre manager et leader reste assez ténue. De grands dirigeants imbriquent naturellement leurs compétences managériales et leur leadership. Ils ne peuvent soustraire l'une à l'autre.

« Au terme "leadership", je préfère celui de "diriger" qui relie entre elles les notions liées à l'influence, la relation, l'écoute, l'autorité, la confiance, la créativité, l'alignement des actes et des paroles, le sens de l'équipe, de l'action, de la décision et de la réflexion.

« Dès lors, segmenter les mots en distinguant le leader du manager, n'a pour moi aucun sens. Comme commandant de navire de combat engagé de longues semaines dans des zones de crise internationale, j'ai appris à diriger, c'est-à-dire à commander dans le feu de l'action, temps qui ne permet plus le dialogue, et à manager dans l'intervalle, temps de la préparation et du développement de la solidarité de l'équipage. C'est avant tout le contexte de l'espace-temps

Leadership et culture d'entreprise

Une personne ayant beaucoup de leadership s'épanouira davantage dans une culture d'entreprise lui laissant un large espace de créativité.

Le leadership peut en effet difficilement être exercé dans une organisation fortement taylorisée, où le travail est divisé, les tâches simples et répétitives, et les collaborateurs surveillés par un chef au pouvoir coercitif, au sein d'un système très directif. Le pouvoir de décision est centralisé au sommet de la hiérarchie, laissant peu d'espace à la prise d'initiative. Si le travail à la chaîne symbolise ce type d'entreprise, nombreux sont les dirigeants qui exploitent encore le taylorisme dans leurs pratiques professionnelles, tant dans les secteurs industriels et commerciaux que dans l'administration.

À l'inverse, les start-up, les entreprises dites agiles ou libérées (Getz, 2012), évoluent en tenant compte de l'instabilité et en trouvant rapidement des réponses innovantes. Dans ce type de modèle, la culture d'entreprise valorise l'initiative et l'innovation. Le leadership est collaboratif, il est partagé dans des équipes autonomes fidèles aux valeurs et à la raison d'être de l'organisation.

Bien sûr, entre ces deux modèles qui s'opposent, on trouve la grande majorité des organisations, où le leadership s'exprime de manière diversifiée. Un leader a donc intérêt à trouver une place lui donnant une latitude d'action et de créativité.

Le leadership, un avantage concurrentiel

Vous disposez de compétences techniques et/ou managériales ? Pour aller plus loin, il vous faudra également du leadership.

Dans un monde en mutation, où l'adaptation et l'innovation signifient avantage concurrentiel – ou survie –, les entreprises sont, plus que jamais, en quête de personnalités capables de produire et conduire des changements stratégiques. Aujourd'hui, la mondialisation et les nouvelles technologies nous obligent tous, d'une manière ou d'une autre, à repenser nos modèles de fonctionnement. Le changement est devenu incontournable et sa fréquence de plus en plus régulière. Pour rester concurrentiel, le management ne suffit pas. Les organisations, au sens large, ont besoin d'hommes et de femmes doués de créativité, capables de faire face aux incertitudes, de mobiliser leurs ressources et de créer du sens dans des phases de transformation organisationnelle et/ou de conjoncture défavorable.

Le leadership chez Nestlé

Née d'une innovation en 1866 et à force d'adaptations constantes, Nestlé est devenue la première entreprise au monde dans le secteur de l'agroalimentaire, environnement particulièrement instable.

Depuis 1997, Nestlé publie ses « Principes de gestion et de leadership », expression tangible de sa culture d'entreprise, que tout collaborateur doit appliquer. La publication précise les valeurs, les critères d'évaluation du leadership, les principes et les engagements de la direction du groupe en matière de leadership.

Brièvement, les critères sont : engagement personnel, initiative, encouragement, motivation, curiosité, innovation, adaptation et interculturalité. Ainsi, la sélection des candidats internes pour des postes à hautes responsabilités dépendrait de l'application de ces critères, mais aussi de leurs compétences professionnelles, de leur expérience pratique et de leur détermination à obtenir des résultats.

La formation continue permet à chacun de progresser et de s'épanouir en fonction de son domaine d'expertise et de ses compétences personnelles. Nestlé encourage son personnel, à tous les niveaux, à contribuer au développement de l'entreprise en apportant « des améliorations qui favoriseront à la fois les résultats de l'entreprise et l'épanouissement personnel ».

ÊTES-VOUS UN LEADER EN DEVENIR ?

Un véritable leader peut être identifié selon quatre composantes : son rôle dans un groupe ; sa vision ; son aura ; ses compétences et talents.

Rôle dans un groupe

En tant que leader, vous prenez naturellement le *lead*, c'est-à-dire que vous conduisez le groupe. Vous êtes capable d'animer le groupe tout en introduisant de l'innovation. De la même manière, vous parvenez à la fois à déstructurer les éléments établis et habituels et à restructurer de nouvelles compositions en les rendant les plus légitimes possible. Votre objectif ici est de faire participer les membres du groupe à un processus de changement en les réconfortant. Vous animez le passage d'une zone de confort (parfois bien établie) à une nouvelle zone estimée nécessaire. Vous veillez à ce que le groupe traverse la forêt en passant de branche en branche. Et s'il y a une chute, vous encouragez, jusqu'à ce que chacun soit convaincu qu'il faut continuer la démarche.

Vision

Vous faites preuve de leadership parce qu'il y a une crise, un objectif important à atteindre ou quelque chose que vous voulez dépasser. Le leadership se développe dans le challenge d'un contexte. Vous avez identifié les enjeux, vous vous sentez concerné et c'est plus fort que vous : vous vous sentez obligé de vous impliquer. Gandhi, Luther King et Mandela sont des leaders mondialement connus pour avoir mené une longue lutte non violente contre l'injustice et le racisme.

Aura

Votre charisme est connu dans l'organisation. Posez-vous la question de votre popularité : quels sont vos actions, vos éléments distinctifs qui ont contribué à créer votre réputation ? Chaque moment et chacune de vos particularités construisent votre aura de leader. Vous êtes étonnant tant par vos performances que par vos habitudes ou par vos contrastes. Quelques illustres exemples : les batailles successives de Napoléon, le fameux « Je vous ai compris » de Charles de Gaulle, les cigares emblématiques de Churchill et de Fidel Castro. Nous pouvons tous raconter une histoire, une réussite et identifier des singularités d'un grand leader mondialement connu et d'un leader que nous côtoyons dans le monde du travail, parce que son aura impressionne.

Compétences et talents

Votre succès est indissociable de la démonstration de vos capacités. Vous êtes reconnu en tant qu'être doué, en tant qu'homme ou femme compétent, quel que soit le domaine dans lequel cette compétence s'exprime. Vous avez également l'art de vous entourer de personnes aux compétences complémentaires. Votre expertise inspire votre entourage et vous assure une grande crédibilité. Aujourd'hui, on citera de grands innovateurs des nouvelles technologies : Steve Jobs (Apple), Larry Page (Google), mais aussi Richard Branson (Virgin Group), Ingvar Kamprad (Ikea), Taiichi Ōno (Toyota Production System), etc.

COMPÉTENCES PROFESSIONNELLES ET PERSONNELLES

Le leader se doit de combiner compétences professionnelles et personnelles (Kouzes et Posner, 2012).

- Compétences professionnelles
  - Le leader montre le chemin, c'est-à-dire qu'il explique clairement le but du voyage : il y a un idéal à atteindre et des

valeurs à défendre.

- ◦ Il inspire une vision partagée. Il exprime ses grandes aspirations et répond à la question « Que voulons-nous devenir ? »
- ◦ Le leader tente d'expliquer la situation présente, de traduire les choses de manière structurée afin d'identifier les opportunités à saisir. Il élabore une tactique.
- ◦ Il développe les conditions favorables à la réussite. Il encourage. Toujours positif, il est le coach qui conseille et qui donne de la confiance.
- ◦ Le leader met aussi la main à la pâte, surtout dans les moments difficiles. Il explique que toutes les tâches sont nécessaires pour atteindre l'objectif fixé et met les mains dans le cambouis pour encourager. L'exemplarité le distingue des suiveurs.

- Compétences personnelles
  - ◦ Le leader a du pouvoir, tant sur les autres, qu'il influence, que sur l'organisation, dont il est le ou l'un des acteurs principaux de l'innovation ou de la

gestion du personnel.
- ° Il est authentique, car il croit dans ce qu'il fait. D'ailleurs, un leader qui n'est pas fidèle à ses valeurs est vite démasqué et décrédibilisé.
- ° Il est légitime, parce qu'il a de l'expérience.
- ° Par son charisme, il comprend, rassemble, motive et influence les personnes. Il fait preuve d'une brillante intelligence émotionnelle.

LES DIFFÉRENTS TYPES DE LEADERSHIP

Les huit archétypes du leader (Kets de Vries, 2008)

Selon Kets de Vries, le développement du leadership peut prendre huit orientations. Cette typologie vous permet de situer votre style de leadership et d'identifier vos points forts et points faibles. Ces différentes orientations sont cumulatives, mais, de par les situations de votre parcours, certaines seront plus dominantes, d'autres plus effacées. Renforcez votre leadership en travaillant vos faiblesses.

- **Leader bâtisseur** : vous êtes l'architecte d'un grand projet, voire d'un plan colossal. Grand visionnaire, vos ambitions peuvent changer le monde (même local) en dépassant les attentes de vos contemporains. Votre vision, souvent humaniste, s'appuie sur des valeurs.
- **Leader social** : votre objectif est de créer de l'harmonie autour de vous, de rassembler les gens en tissant du lien entre eux et vous. Vous faites collaborer les membres du groupe autour d'un ou plusieurs projets ; contrairement au leader bâtisseur, vous ne travaillez pas en priorité à un dessein unique.
- **Leader communicateur** : sans forcément être un as de la rhétorique, vous vous exprimez et vous touchez les gens. Vous êtes à l'aise pour parler en public et pour défendre vos idées.
- **Leader stratège** : vous êtes leader stratège quand vous parvenez à échafauder des méthodes différentes, et adaptées à chaque situation, atteignant vos objectifs malgré des actions destinées à perturber vos plans. Vous êtes capable d'influencer et de retourner des situations à votre avantage.

- **Leader catalyseur** : vous faites preuve de leadership quand ça vous arrange ; il s'agit pour vous d'un plus pouvant vous apporter un supplément de développement, de performance et de pouvoir.
- **Leader innovateur** : vous devez créer, c'est dans votre nature. Vous explorez, découvrez, testez, améliorez. Vous maîtrisez la technique des choses. Vous débordez de créativité et rêvez d'être reconnu comme pionnier.
- **Leader manager/gestionnaire** : vos compétences en gestion opérationnelle complètent votre capacité à exploiter votre créativité et votre intelligence émotionnelle.
- **Leader coach** : vous croyez dans les capacités de chacun et cherchez à développer leur potentiel.

Le leadership orienté (Blake et Mouton, 1987)

Certaines personnes se sentent plus à l'aise pour conduire des équipes ; d'autres sont plutôt tournées vers la production. À partir de ces deux orientations générales, il est possible de déceler cinq grands types de management, impliquant différents styles de leadership.

Le leadership orienté

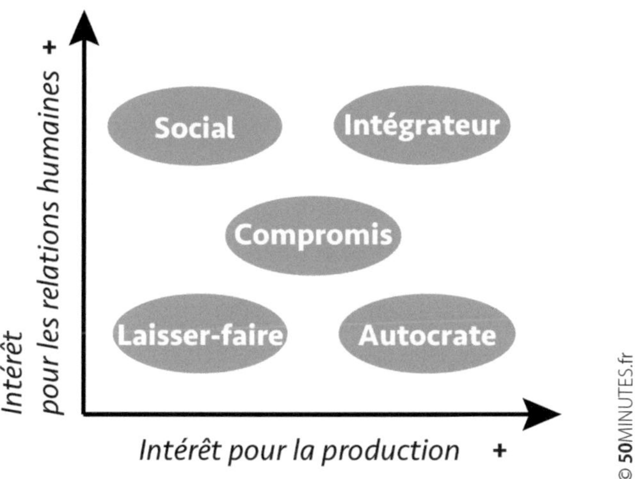

- **Autocrate** : votre intérêt est élevé pour la production et faible pour les relations humaines. Vous planifiez, contrôlez et dirigez en vous intéressant surtout aux processus et aux objectifs. Vous exigez une obéissance et punissez si les règles ne sont pas respectées.
- **Laisser-faire** : votre intérêt étant faible pour la production et faible pour les relations humaines, vous laissez aux membres de votre équipe le pouvoir d'agir, vous contentant des résultats. Par autorégulation, vous pensez

que le groupe arrivera à trouver des solutions. Vous évitez ainsi les responsabilités et tirez les bénéfices sans vous engager. Votre style de management se passe presque de leadership : vous êtes en quelque sorte un anti-leader.

- **Social** : vous accordez une priorité à la bonne entente dans le groupe. Vous ne vous préoccupez pas trop de la production. Vous n'aimez pas le contrôle et préférez plaire aux autres en satisfaisant leurs besoins.

- **Compromis** (entre les deux axes production/relations humaines) : vous négociez pour obtenir des objectifs faciles à atteindre et vous entretenez un climat social le plus sain possible en privilégiant la motivation plutôt qu'en donnant des ordres.

- **Intégrateur** : votre intérêt pour la production est tout aussi élevé que pour les relations sociales. Vous êtes un leader complet puisque, en favorisant un climat de confiance, vous suscitez l'engagement véritable de votre équipe pour réaliser les objectifs fixés. Vous encouragez et impliquez votre équipe dans la prise de décision tant au niveau opérationnel que dans le contrôle des processus.

« Chez ING Belgique, l'important n'est pas seulement l'atteinte des résultats commerciaux. Tous les collaborateurs, ainsi que tous les managers, sont également évalués sur la manière dont ils atteignent ces résultats, c'est-à-dire sur leur aptitude à être responsables et autonomes, à collaborer et aider leurs collègues, à avoir une longueur d'avance en matière de service au client.

« Afin d'inspirer à leurs collaborateurs la volonté de vivre concrètement cette culture d'entreprise, le rôle de nos leaders est capital. Ils sont un des premiers vecteurs de cette dynamique positive, car leurs comportements exemplaires motivent leurs collaborateurs.

« Je croise de nombreux styles de leaders différents dans l'organisation. Une des qualités essentielles à mes yeux est leur dévouement au développement de l'organisation, et non à la réalisation de leurs ambitions personnelles ; la confiance et l'autonomie qu'ils offrent à leurs collaborateurs ; leur capacité à aider concrètement et supporter leurs équipes en cas de difficultés. »

Catherine Dedobbeleer – Project Manager HR, Organizational Effectiveness – ING Belgique

Conduire une équipe vers l'autonomie

Le niveau de performance de votre groupe dépend en grande partie de votre style de leadership. La théorie du leadership situationnel (Paul Hersey et Kenneth H. Blanchard, 1977) vous aidera à prendre les bonnes décisions en fonction de variables contextuelles. Votre style de leadership doit être adapté en fonction du niveau de maturité de la personne ou du groupe afin que chacun puisse gagner en autonomie. Il y a donc des étapes dans la maturité groupale et dans votre leadership.

Le leadership situationnel

- **Style directif**. Le premier niveau. Vous dirigez en expliquant ce qu'il faut faire et comment le faire. Vous donnez les ressources et le feedback. Vous parlez en termes d'organisation, d'instruction et de contrôle.
- **Style persuasif**. La confiance et la communication sont meilleures que dans le cas précédent. Vous formez et persuadez votre équipe

en mobilisant informations et arguments. Vos histoires orientent l'équipe vers un objectif à atteindre. Vous êtes dans la démonstration, conviction et mobilisation. N'oubliez pas : rien de tel que les preuves pour convaincre.

- **Style participatif**. Une fois votre équipe informée et prête à se mobiliser, faites-la participer aux actions et décisions. Cette étape vous permet de privilégier davantage la relation plutôt que la direction et le contrôle. Vous travaillez avec l'équipe et il vous faudra négocier avec elle sur le partage de vos responsabilités décisionnelles. Vous entrez dans une phase où vous donnez à votre équipe la capacité de travailler de manière indépendante. Vous êtes dans l'écoute, dans le conseil et dans la négociation.

- **Style délégatif**. Vous poursuivez le transfert de vos responsabilités. La confiance mutuelle se renforce au gré des expériences positives. Vous responsabilisez votre équipe et lui laissez une marge de manœuvre pour qu'elle opère de sa propre initiative. Gardez un œil ouvert sur ce que vous avez transmis et laissez-la prendre des risques. Pour rester le chef de file, vos équipes ne doivent pas totalement être impliquées dans les (grandes) décisions. L'aide régulière que vous apportez est vraiment appréciée par les membres de votre équipe. En cas de difficulté, ne rompez pas la confiance et gardez à l'esprit que vous avez aussi une part de responsabilité.

> « Depuis sa création, je contribue à l'expansion d'EXKI, d'abord à Bruxelles, puis à Paris, et à présent à New York. Pour chaque implantation, mon rôle a été de créer rapidement une équipe efficace.
>
> « Par mon parcours, j'ai pu expérimenter que conduire une équipe vers l'autonomie signifie encourager la responsabilisation de chacun de ses membres, à commencer par le chef d'équipe. Il faut lui apporter tout le soutien nécessaire et le désencadrer progressivement au rythme de sa prise d'autonomie. Également, chaque collaborateur doit comprendre sa mission, être encouragé. C'est parfois difficile de tout diriger en même temps, mais quand l'équipe devient structurée, responsable, que chacun prend part au succès, je peux alors repartir pour l'ouverture de nouveaux marchés.
>
> « L'autonomie est pour moi un espace de réalisation et d'expression, qui offre à la fois le droit d'être fier de ses réussites aussi bien que le droit à l'erreur. Je pense que de l'autonomie naît de la

Le leadership se développe au gré des expériences. Le leadership n'est pas inné, il s'apprend. Le manager souhaitant évoluer dans sa carrière a besoin de développer son leadership.

TOP CONSEILS

- Travaillez votre **intelligence émotionnelle** : explorez-vous pour bien vous connaître, mieux mesurer vos efforts et mieux exprimer vos souhaits ; soyez pleinement conscient des autres, comprenez-les et entretenez des rapports avec eux ; contrôlez et évacuez vos pulsions et humeurs perturbant votre rationalité (par exemple, n'entrez pas dans la manipulation de l'autre et ne sanctionnez pas sous le coup de la colère).

L'INTELLIGENCE ÉMOTIONNELLE

L'intelligence émotionnelle désigne la capacité à percevoir ses émotions et celles des autres, à en être conscient, à les comprendre et à les laisser s'exprimer. Il devient alors possible de réguler ses propres émotions, celles des autres et d'un groupe. Cette capacité est un atout indéniable dans la vie en entreprise.

- Ayez une **vision** claire : envisagez l'avenir, pensez global et collectif, inspirez-vous et transmettez votre vision des choses. Traduisez la complexité en une mission claire, positive et ambitieuse, composée d'étapes possibles et de ressources disponibles : rendez simple et facile ce qui est compliqué, afin d'inciter les personnes à rejoindre votre cause.
- Suscitez la **motivation** de vos collaborateurs. Faites connaître les tâches à accomplir, encouragez l'initiative, et donnez du feed-back constructif, quel que soit le résultat. Célébrez les réussites et amusez-vous, même en réunion : vous renforcerez ainsi le sentiment d'appartenance, la fierté du groupe.
- Soyez un **exemple** pour votre entourage : faites ce que vous dites et tenez vos promesses ; participez aux tâches de l'équipe et relevez des défis ; restez compétent et continuez à développer vos talents. Vous gagnerez en confiance et crédibilité.
- Recherchez la **performance**, afin de vous libérer du temps et des ressources que vous pourrez utiliser pour continuer à progresser.
- N'ayez pas peur du **changement** : anticipez-le. Prenez le temps de réfléchir et de chercher

conseil auprès de votre entourage, et laissez-vous convaincre si l'argumentation est valable. Faites des tests pour innover jusqu'à trouver de meilleurs moyens d'atteindre vos objectifs. Modifiez vos procédures. Évoluez tout en restant fidèle à vous-même.

- Prenez des **risques**. Personne ne réalise de grandes choses sans échecs. On reconnaît les leaders par leur capacité à rebondir ; acceptez vos erreurs et tirez-en des leçons.
- Développez votre force de **conviction**. Sachez plaider votre cause à toute heure. Manifestez votre talent d'orateur pour encourager, convaincre, (in)former, négocier, promouvoir et défendre vos idées et votre équipe. Bien sûr, adaptez-vous à votre audience. Mettez votre cœur et votre enthousiasme dans vos paroles. Étonnez !
- N'oubliez pas que **communiquer,** c'est avant tout écouter l'autre dans ses besoins. Assurez-vous d'avoir bien compris son point de vue en reformulant.

FAQ

QUELLES SONT LES 12 QUALITÉS ESSENTIELLES DU LEADER ?

- Intégrité
- Enthousiasme
- Charisme
- Exemplarité
- Bonne mémoire
- Vision
- Communication
- Discernement
- Esprit de décision
- Capacité à déléguer
- Capacité à détendre l'atmosphère
- Capacité à trouver des ressources et à les mobiliser avec efficience/efficacité

UN MANAGER PEUT-IL DEVENIR UN LEADER ?

Il existe des managers ne faisant pas preuve de leadership et qui réalisent très bien leur travail. Ils n'ont pas obligatoirement besoin de leadership. Ils peuvent remarquablement bien gérer les équipes et les activités dont ils ont la responsabilité sans apporter des idées innovantes, sans influencer ni sans inspirer leurs collaborateurs, tâche qu'ils laissent à leurs supérieurs. Il existe des entreprises qui se contentent de managers opérationnels ne cherchant pas à exercer du leadership.

Bien sûr, un manager peut tout à fait évoluer vers un leader en prenant le temps de s'arrêter sur le côté émotionnel de la gestion d'une équipe et en exerçant son aptitude à susciter engagement et enthousiasme de la part de ses collaborateurs. Le leadership se travaille, et chacun, s'il le désire, peut développer ses compétences de meneur.

UN LEADER PEUT-IL DEVENIR UN MANAGER ?

Oui, mais attention, il existe des leaders incompétents en matière de management. Ils n'ont pas forcément le sens de l'opérationnalité, du concret, de l'organisation du travail. Un leader peut donc exceller dans son pouvoir d'influence et d'inspiration, il peut être capable de donner de nouvelles perspectives à l'entreprise, sans pour autant être compétent pour structurer le travail.

Être manager et avoir du leadership sont donc des compétences complémentaires, qu'elles se répartissent entre plusieurs personnes ou se rejoignent en une seule.

COIN EMPLOYEUR

Le leadership est essentiel dans une organisation. Les leaders doivent faire preuve de bon sens, de compétences et doivent contribuer au développement de l'organisation.

Toutefois, faites attention aux leaders incontrôlables. Très charismatiques et convaincants, ils peuvent parfois conduire une équipe dans des zones dangereuses. Les chefs d'équipe ne peuvent pas être laissés en totale liberté.

COMMENT CONSTRUIRE LA CONFIANCE DANS MON ÉQUIPE ?

Impossible de mener une équipe vers un objectif sans obtenir sa confiance. Voici cinq dimensions de la confiance dont vous avez tout intérêt à tenir compte (Schindler et Thomas, 1993).

- Intégrité : cohérence entre paroles et actions du meneur.
- Compétence : aptitudes, savoir et capacité à déléguer.
- Cohérence : constance dans l'action et dans le discernement du leader.
- Loyauté : fidélité à la mission et exclusion de tout opportunisme du leader.
- Ouverture : possibilité pour chacun de s'exprimer sans effet coercitif.

« BLUE ANTIDOTE est une start-up qui vise à équiper la flotte de délégués commerciaux des compagnies pharmaceutiques à l'aide d'applications iPad. Ces applications permettent aux forces de vente de mieux communiquer la valeur des produits de santé qu'elles proposent.

« Initiateur du projet, je me suis entouré d'experts aux profils pointus et complémentaires pour créer et lancer un prototype. Je me suis fondamentalement intéressé aux compétences de chacun, qu'elles soient pharmaceutiques ou qu'elles concernent le *software development*. L'équipe s'est construite autour d'un projet innovant.

« Au début, nos réunions étaient des échanges très intenses avec beaucoup d'explications. Il a fallu que chacun comprenne sa mission. Mon rôle était de gérer les orientations de chacun. Pour le projet, il a été crucial d'instaurer de la confiance dans l'équipe, avec les clients et les partenaires. Il fallait prouver que ça marche.

« La start-up a pris sa croissance au rythme de feed-back et d'amélioration continue. La start-up grandissant, chaque membre de l'équipe devient plus autonome. Nous pourrons développer de nouveaux projets. »

Augustin Terlinden – fondateur – Blue Antidote

COMMENT RÉTABLIR MON RÔLE DE LEADER SI DES JEUX DE POUVOIR SE SONT INSTALLÉS AU SEIN DE MON ÉQUIPE ?

En tant que responsable d'une équipe composée de fortes personnalités, vous pouvez vous sentir en difficulté. Identifiez ce dont vous avez besoin pour vous repositionner : une formation, un coaching, un soutien hiérarchique ? Il est évident que vous allez faire un chemin identitaire pour renforcer votre leadership.

Pour rétablir une relation au moins égalitaire, n'hésitez pas à en parler à votre responsable. C'est au dirigeant d'aider son équipe managériale dans un conflit de leadership. Il ne doit pas y avoir le moindre doute que la direction soutient ses chefs d'équipes. C'est fondamental. Le collaborateur, même décidé à user de son leadership, doit comprendre que son manager reste le chef.

Aidez-le dans son travail, mais rejetez son jeu d'influence. Vous pouvez également l'inviter à postuler à une fonction à responsabilité. L'assertivité vous aidera. Ne coupez pas les ailes grandissantes d'un collaborateur. Aidez-le à développer un esprit constructif, voire d'entrepreneur. Faites émerger les idées lors d'ateliers d'intelligence collective : « le leadership partagé, ça peut être très payant ! » (Gibeault, 2012)

EXERCER SON LEADERSHIP, EST-CE MANIPULER ?

Le leadership n'est pas de la manipulation. Un manipulateur veut atteindre son propre objectif en exerçant une influence, sans respect de la liberté de pensée d'autrui. Or, le leadership est la capacité d'influencer autrui afin qu'il accepte de se mobiliser au nom d'une cause, d'un objectif, parce qu'il y adhère.

Les personnes donnent au leader une reconnaissance légitime. En s'affirmant, le leader n'hésite pas à exprimer ses souhaits avec conviction, mais sans agressivité. Le leader est à l'écoute, accepte qu'il existe des avis différents du sien. Il cherche à gérer les conflits et peut exercer son pouvoir de négociation pour trouver une relation gagnant-gagnant.

QUE DOIT FAIRE UN LEADER DANS UNE ORGANISATION OÙ LE LEADERSHIP N'EST PAS VALORISÉ ?

Commencez par prendre du recul en vous posant les bonnes questions : acceptez-vous

votre mission et les valeurs de votre entreprise ? Participez-vous en pleine conscience ?
Votre type de leadership convient-il à ce que
l'organisation attend de vous ? Existe-t-il une
confiance réciproque ? Ne vous manque-t-il pas
de l'expérience ?

Travaillez à développer vos compétences professionnelles et personnelles autant que possible,
et si aucune porte ne s'ouvre à vous, si vous ne
trouvez pas l'épanouissement dans votre travail,
sans doute sera-t-il préférable de trouver une
entreprise correspondant mieux à votre person-
nalité. Et pourquoi dès lors ne pas créer votre
propre emploi ?

À VOUS DE JOUER !

Voici une méthode en six étapes et conseils pour développer votre carrière en entreprise et passer de manager à leader (Ram Charan et Stephen Drotter, 2010).

1. On ne devient pas manager sans savoir d'abord se gérer soi-même. Cela commence par une prise de recul pour s'examiner en vue d'améliorer ses compétences personnelles et professionnelles. Découvrez-vous en pilotant des projets, mais ne restez pas uniquement dans l'opérationnel. Posez-vous souvent les questions suivantes : « Pourquoi fais-je cela ? », « Le fais-je bien ? » et « Comment pourrais-je faire mieux ? »

À FAIRE

Initiez-vous au management en passant d'un rôle de collaborateur efficace à celui de manager. Vous apprenez à répartir les responsabilités à chacun des membres de votre équipe-projet.

2. La deuxième étape consiste à gérer les autres en leur donnant des objectifs et des moyens. Apprenez à évaluer votre équipe, à donner du feed-back et à les encourager à mieux faire.

3. Vous ferez un grand pas en avant si vous apprenez à gérer des managers. Vous quittez l'opérationnel et entrez dans un rôle fonctionnel. Vous apprenez à donner des objectifs éloignés du terrain et à gérer une relation entre responsables d'équipes. Votre leadership sera mis à l'épreuve.

4. Devenez un bon manager fonctionnel en prenant la responsabilité d'un service. Consolidez vos compétences de gestionnaire de personnes et de budgets en excellant dans la gestion de stratégies données.

> ### À FAIRE
>
> Comprenez votre environnement de A à Z. Établissez une vision. Amenez votre équipe vers un niveau supérieur en développant les talents de vos collaborateurs. Trouvez des ressources supplémentaires et des procédures performantes. Transformez votre équipe en une équipe de choc, proactive et prête à vous suivre. Tout est dans la confiance mutuelle que vous aurez co-construite.

5. Ensuite, vous êtes manager d'une division. Vous démontrez votre capacité gérer, en même temps, plusieurs organisations à la fois. Vous devenez un acteur stratégique encore plus important.

Restez fidèle à vous-même, à votre vision et à vos valeurs. Prenez du recul pour entretenir vos relations sociales tant professionnelles que personnelles, pour gérer le stress et pour nourrir votre vision. Faites attention aux grands enjeux et aux questions éthiques.

6. Finalement, le directeur. Fondé sur la confiance, votre leadership donne à votre équipe managériale le soin de faire fonctionner votre organisation. À vous de donner les grandes orientations guidées par votre vision et vos valeurs connues de votre équipe.

Maintenez une communication claire et fidèle à vos principes, restez optimiste et gardez du temps et de l'énergie pour encourager vos collaborateurs aux changements à opérer. Gardez un œil sur votre environnement et, si nécessaire, soyez prêt à tout bouleverser en ayant construit un réseau d'entraide prêt à se mobiliser pour votre vision.

Une carrière se construit avec l'expérience. Gagner en leadership, cela ne peut se faire qu'en quittant sa zone de confort pour tenter de nouveaux challenges avec toujours plus de responsabilités.

Votre avis nous intéresse !
Laissez un commentaire sur le site de votre
librairie en ligne et partagez vos coups de cœur sur
les réseaux sociaux !

POUR ALLER PLUS LOIN

SOURCES BIBLIOGRAPHIQUES

- BAR-ON (Reuven), « The Bar-On model of emotional-social intelligence (ESI) », in *Psicothema*, 18, supl., 2006, p. 13-25.

- BLAKE (Robert.) et MOUTON (Jane), *La troisième dimension du management*, Paris, Éditions d'Organisation, 1987.

- CHARAN (Ram), DROTTER (Stephen) et NOEL (James), *The Leadership Pipeline: How to Build the Leadership Powered Company*, San Francisco, Jossey-Bass, 2011.

- GETZ (Isaac) et CARNEY (Brian M.), *Liberté & Cie : Quand la liberté des salariés fait le bonheur des entreprises*, Paris, Fayard. 2012.

- GIBEAULT (Diane), « Forum Ouvert – Incitation au leadership partagé et à la responsabilisation », in *Livre Blanc sur le Forum Ouvert*, Paris, Christine Koehler, 2012, p. 13-17. http://www.forum-ouvert.fr

- HERSEY (Paul) et BLANCHARD (Kenneth H.), *Management of Organizational Behavior: Utilizing Human Resources*, Englewood Cliffs (NJ), Prentice Hall, 1977.

- KOTTER (John P.), « Qu'est-ce que le leadership ? », in *Harvard Business Review. Le leadership*, Paris, Éditions d'Organisation, 1999, p. 40-61.

- KOUZES (James M.) et POSNER (Barry), *The leadership Challenge: How to make extraordinary things happen in Organizations*, 5th edition, San Francisco, Jossey-Bass, 2012.

- DÉPARTEMENT DES RESSOURCES HUMAINES, *Les principes de gestion et de « leadership » chez Nestlé*, Vevey (Suisse), Nestlé, 2009. http://www.nestle.ch/asset-library/documents/jobs/managementleadershp_fr.pdf

- SCHINDLER (Paul L.) et THOMAS (Cher C.), « The structure of interpersonal trust in the workplace », in *Psychological Reports*, 73(2), 1993, p. 563–573.

- VRIES (Manfred F.R. Kets de), « Archétypes de leadership et équipe de direction », in *Gestion*, Vol. 33, p. 48-60, 2008.

- ZALEZNIK (Abraham), « Managers et leaders, en quoi sont-ils différents ? », in *Harvard Business Review. Le leadership*, Paris, Éditions d'Organisation, 1999, p. 62-87.

SOURCES COMPLÉMENTAIRES

- CHERRET DE LA BOISSIERE (Anne), *Leadership au masculin et au féminin. Le management aux valeurs mixtes : l'avenir de l'entreprise*, Paris, Dunod, 2009.

- DEERING (Anne) et ROBERT (Dilts), *Alpha Leadership. Les 3 A : Anticiper, Aligner, Agir*, Louvain-la-Neuve/Paris, De Boeck, 2009.

- DULUC (Alain), *Leadership et confiance. Jouer collectif, parler vrai, être humain*, 3e édition, Paris, Dunod, 2013.

- KOTSOU (Ilios), *Intelligence émotionnelle et management : Comprendre et utiliser la force des émotions*, Louvain-la-Neuve/Paris, De Boeck, 2012.

- MAXWELL (John-C.), *Leadership, 101 principes de base. Ce que tout leader devrait savoir*, Québec, Un monde différent, 2004.

- ROBERT (Dilts), *Leadership visionnaire. Outils et compétences pour réussir le changement par la PNL*, Louvain-la-Neuve/Paris, De Boeck, 2009.

- TESTA (Jean-Pierre), LAFARGUE (Jérôme) et TILHET-COARTET (Virginie), *La Boîte à outils du Leadership*, Paris, Dunod, 2013.

ISBN ebook : 978-2-8062-6436-7
ISBN papier : 978-2-8062-6437-4
Dépôt légal : D/2015/12603/198
Photo de couverture :
© turgaygundogdu – Fotolia.com

Conception numérique : Primento, le partenaire numérique des éditeurs